Sprache und Lesen

2

der die das

Arbeitsheft
Teil A

Herausgegeben von
Stefan Jeuk
Antje Sinemus
Krystyna Strozyk

Erarbeitet von
Birgit Behle-Saure
Heidelinde Foster
Lydia Olbrich
Simone Schick
Kai Stäpeler
Krystyna Strozyk
und
der Cornelsen Redaktion
Primarstufe

Cornelsen

Sprache und Lesen 2

Arbeitsheft

A

der die das

Herausgegeben von
Stefan Jeuk, Antje Sinemus, Krystyna Strozyk

Erarbeitet von
Birgit Behle-Saure, Heidelinde Foster, Lydia Olbrich, Simone Schick, Kai Stäpeler, Krystyna Strozyk und der Cornelsen Redaktion Primarstufe

Beratung
Yurdakul Çakır

Begutachtung
Winfried Bega, Essen; Ulrike Böhle, Dortmund; Barbara Busch, Langen; Ursula Conradt, Stuttgart; Hilde Hess-Steinhauer, Solingen; Ute Jasperneite, Bergisch Gladbach; Christa Kaperlat-Fuß, Bergheim; Gabriele Klaßmann, Paderborn; Sabine Klose, Velbert; Bernadette Krage, Rheine; Andrea Lühne, Göppingen; Julia Nowicki, Witten; Ingeborg Range, Hofgeismar; Maria Remler, Kaiserslautern; Regine Schröter, Mainz; Eva Skrypnik, Lörrach; Dominic Smeets, Ludwigshafen; Thomas Tappert, Mönchengladbach; Magarete Westermeier, Paderborn

Redaktion
Jutta Wild

Bildredaktion
Peter Hartmann, Janin Hacker

Übersetzungen
Yurdakul Çakır (türkisch)

Illustration
Alexandra Prosen, Cindy Fröhlich, Thomas Wellendorf

Umschlaggestaltung
Katharina Wolff-Steininger und Rosendahl, Berlin

Umschlagillustration
Alexandra Prosen

Layoutkonzeption
Rosendahl Berlin

Layout und technische Umsetzung
Kati Klaeske, Berlin

www.cornelsen.de

1. Auflage, 2. Druck 2014

Druck: Himmer AG, Augsburg

ISBN 978-3-06-081993-5

PEFC
PEFC/04-31-1549

PEFC zertifiziert
Dieses Produkt stammt aus nachhaltig bewirtschafteten Wäldern und kontrollierten Quellen.

www.pefc.de

Inhaltsverzeichnis

Unsere Schule – meine Klasse 4

Ä/ä Pf/pf

Ich und du 24

Eu/eu J/j Qu/qu

Ich kenne mich aus 42

V/v ß Ö/ö

Bei mir zu Hause 60

Ü/ü Sp/sp St/st

Ich stelle mir vor … 78

X/x Y/y C/c -äu

Lernzielübersicht 96

Seitentypen

SPRACHE FÖRDERN

SPRACHE UNTERSUCHEN

BUCHSTABENLEHRGANG

LESEN UND SCHREIBEN

DAS KANN ICH SCHON (Lernstandsseite) MEINE SEITE

Das bedeuten die Zeichen:

- D Differenzierung
- Ü Übersetzung
- ! Stolperstelle

1

1. in Partnerarbeit auf Bilder zeigen:
Meine Ferien waren (toll/...), weil ...
[! Nebensatzkonstruktion mit weil];
zu eigenen Ferienerlebnissen malen und erzählen

▸ zu BB S. 4–5

DUDEN

Wer weiß noch,
wie die Kinder heißen?
1. Schreibe die Namen
2. Wo war Emira

Emiras Ferien waren toll,	weil sie am Meer war.	☐
	weil sie im Park war.	☐
Umuts Ferien waren toll,	weil er in der Schule war.	☐
	weil er im Zirkus war.	☐
Momos Ferien waren toll,	weil er im Kino war.	☐
	weil er im Zoo war.	☐

2

Meine Ferien

1. passende Satzteile ankreuzen

2. mit Hilfe der Lauttabelle zum Thema *Meine Ferien* schreiben und dazu malen

1

Wo hast du diese Muschel gefunden?

Wer hat dieses Schiff gebastelt?

Wo hat Natalia diese Dose gekauft?

Wer hat dieses Bild gemalt?

Natalia hat sie in Polen gekauft.

Ich habe sie am Meer gefunden.

Momo hat es gemalt.

Ich habe es gebastelt. Es schwimmt wirklich.

1. Fragen mit passenden Antworten verbinden [! Satzklammer im Perfekt]

▸ zu BB S. 6–7

1

Emira

Milan

Natalia

Momo

hat das Bild gemalt.	hat das Schiff gebastelt.	hat die Muschel gefunden.	hat die Dose gekauft.

2

Wer hat das Schiff gebastelt?

Milan hat das Schiff

Wer hat die Muschel gefunden?

Emira hat

Wer hat das Bild gemalt?

Wer hat die Dose gekauft?

1. Personen mit den passenden Satzteilen verbinden

2. Fragen lesen und Antworten im Perfekt aufschreiben [! Satzklammer im Perfekt]

1

 2 Schiffe ○

 Federn ○

 Autos ○

 Schafe ○

 Muscheln ○

 Fotos ○

2 Kontrolliere mit einem Partner.

1. Feriensachen im Bild suchen und mit angegebener Farbe anmalen

2. Partnerkontrolle: *Ich habe (2 Schiffe / …) gefunden. – Ich habe nur / auch (…) gefunden*

▸ zu BB S. 8–9

1

Milan bastelt 2 ________________ .

Emira findet 4 ________________ .

Timo bekommt 3 ________________ .

Berge
Schiffe
Muscheln
Affen
Dinos
Autos

2

Einzahl		Mehrzahl	
	der Dino		die
	der Affe		die
	das Schaf		die
	der Berg		die
	das Foto		die
	die Feder		die

▸ zu BB S. 8–9
▸ Diff.-Block S. 3–4

1. zu den Bildern passende Wörter auswählen und aufschreiben

2. Plural bilden und schreiben [n-Plural, e-Plural, s-Plural]
D weitere Beispiele für die Pluralklassen suchen

①

die Giraffen	die Zebras	die Enten	die Schafe
○	○	○	○

 das

 ______

 ______

 ______

	Z	e	b	r	a 1	
					2	
					3	
					4	

der

A 1	2	3	4

②

 Das Schaf frisst Gras.

 ______ schaut durch den Zaun.

 ______ schwimmt auf dem Wasser.

 ______ rennt auf der Wiese.

1. Kreuzworträtsel lösen [Rückführung vorgegebener Pluralwörter in den Singular] 2. Sätze passend ergänzen

► zu BB S. 8–9

1

drei Flaschen	eine Flasche
ein Tisch	zwei
ein Auto	
ein Schaf	
drei Enten	
ein Hase	

▸ zu BB S. 8–9
▸ Diff.-Block S. 5–6

1. Bilder vergleichen und passende Anzahl aufschreiben [n-Plural, e-Plural, s-Plural]

1

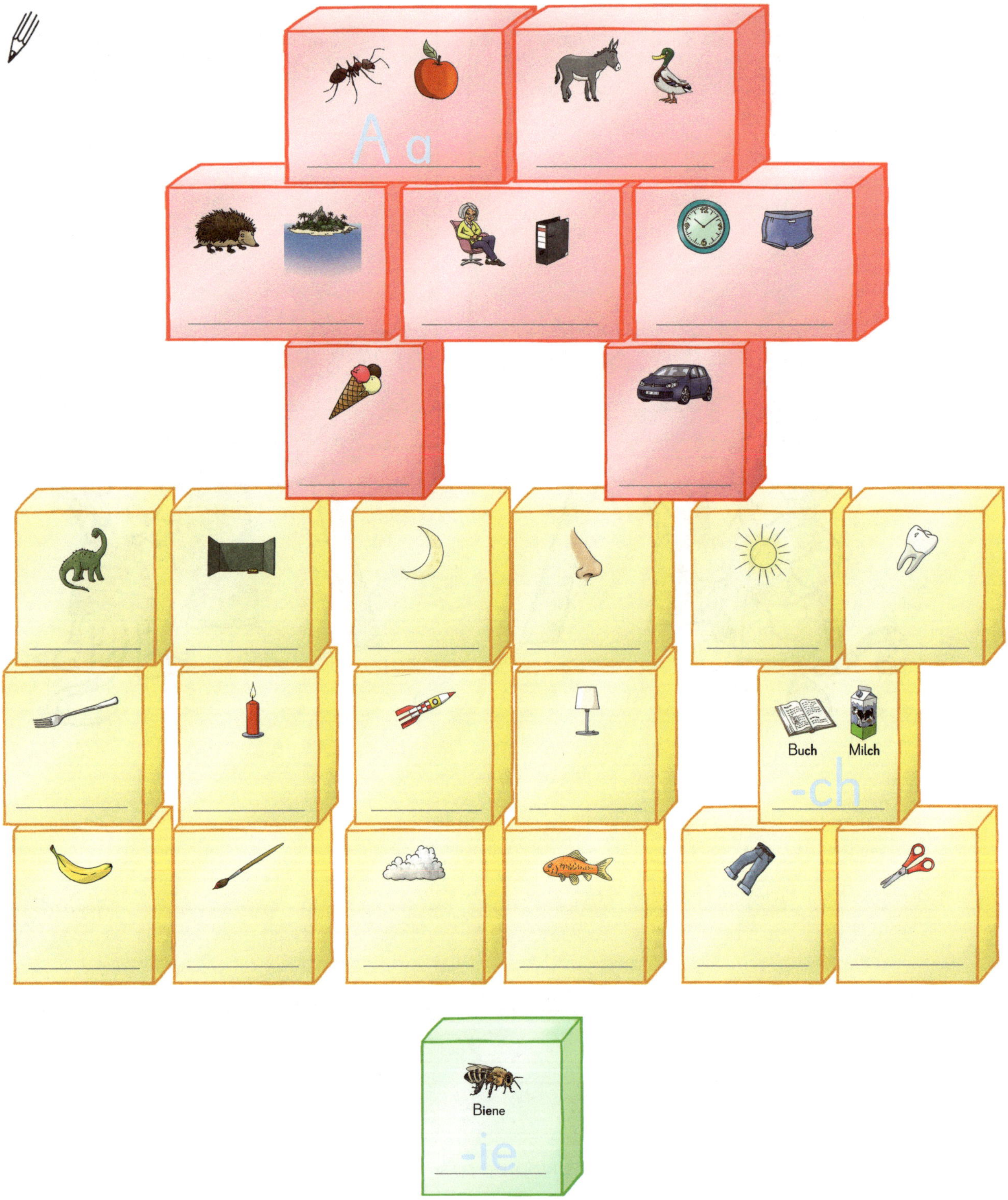

1. passende Buchstaben in die Lauttabelle eintragen [Wiederholung aller bisher eingeführter Buchstaben]

▸ zu BB S. 10–11

1

B ___ ___ ___ ___

___ ___ ___

___ ___ ___ ___

___ ___ ___ ___

___ ___ ___ ___ ___ ___

2

Peppo arbeitet im Zirkus.

Er sieht lustig aus.

Das Hemd ist blau.

Es hat gelbe Blumen.

Die Hose ist gelb.

Sie hat rote Taschen.

Die Haare und die Nase sind rot.

Die Schuhe und der Hut sind schwarz.

Ein Schuh hat ein Loch.

▸ zu BB S. 10–11
▸ Diff.-Block S. 7–8

1. Wörter mit Hilfe der Lauttabelle verschriften

2. Text lesen und Bild entsprechend anmalen

1

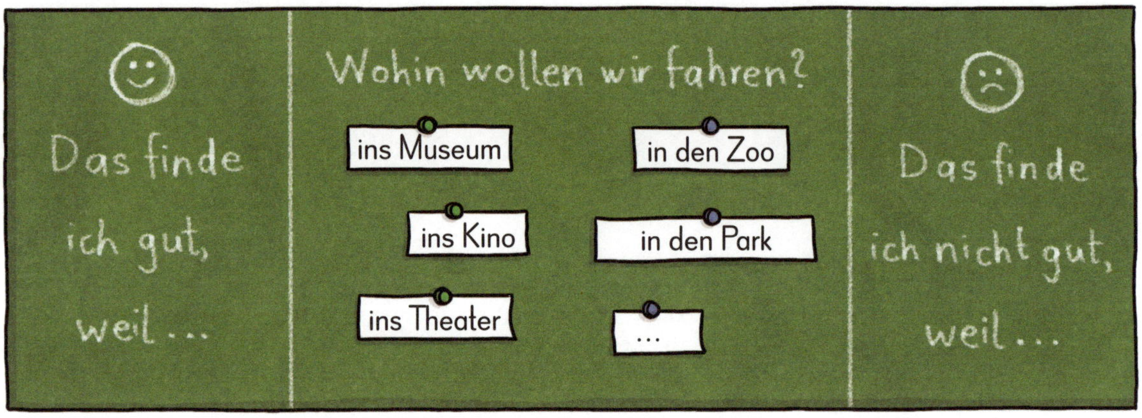

Lasst uns ins Museum fahren.

Das finde ich …

2

Lasst uns in den Zoo fahren.

Das finde ________________________________,

weil ich in den Ferien im Zoo war.

Lasst uns ins Kino fahren.

______________________________________,

weil ich noch nie im Kino war.

1. Dialog in Partnerarbeit einüben:
Lasst uns (in den Zoo/…) fahren.
– Das finde ich gut/nicht gut, weil …

2. Satzteile passend ergänzen

▸ zu BB S. 12–13

Schule

1

Die Giraffen ○ — fliegen.

Die Affen ○ — gehen.

Die Papageien ○ — schwimmen.

Die Enten ○ — klettern.

2

Die Affen im Zoo,
die machen das so:
Sie klettern hin und her.
Das ist doch gar nicht schwer.

Die Enten im Zoo,
die machen das so:

Sie
schwimmen
...

3

Die ______________________ im Zoo,

____

____

____.

► zu BB S. 12–13

1. passende Satzteile verbinden
2. Vers in Partnerarbeit mehrfach sprechen und durch Einsetzen verschiedener Tiere variieren
3. Vers mit selbst gewähltem Tier schreiben

D weitere Tiere und Fortbewegungsarten sammeln und Verse bilden

Ä ä

1

Käfig Lärm Ärmel

Ärztin lächeln zufällig

erklären Äpfel

Geschäft Ärger Jäger

Bär erzählen ärgerlich

2

Ä

ä

Mädchen

Käse

Ärger

ärgern

ärgerlich

1. Buchstaben Ä/ä in Wörtern einkreisen
D Wörter silbisch gegliedert sprechen

2. Wörter mit Ä/ä schreiben

▸ zu BB S. 14–15
▸ Diff.-Block S. 9

Ä ä

1

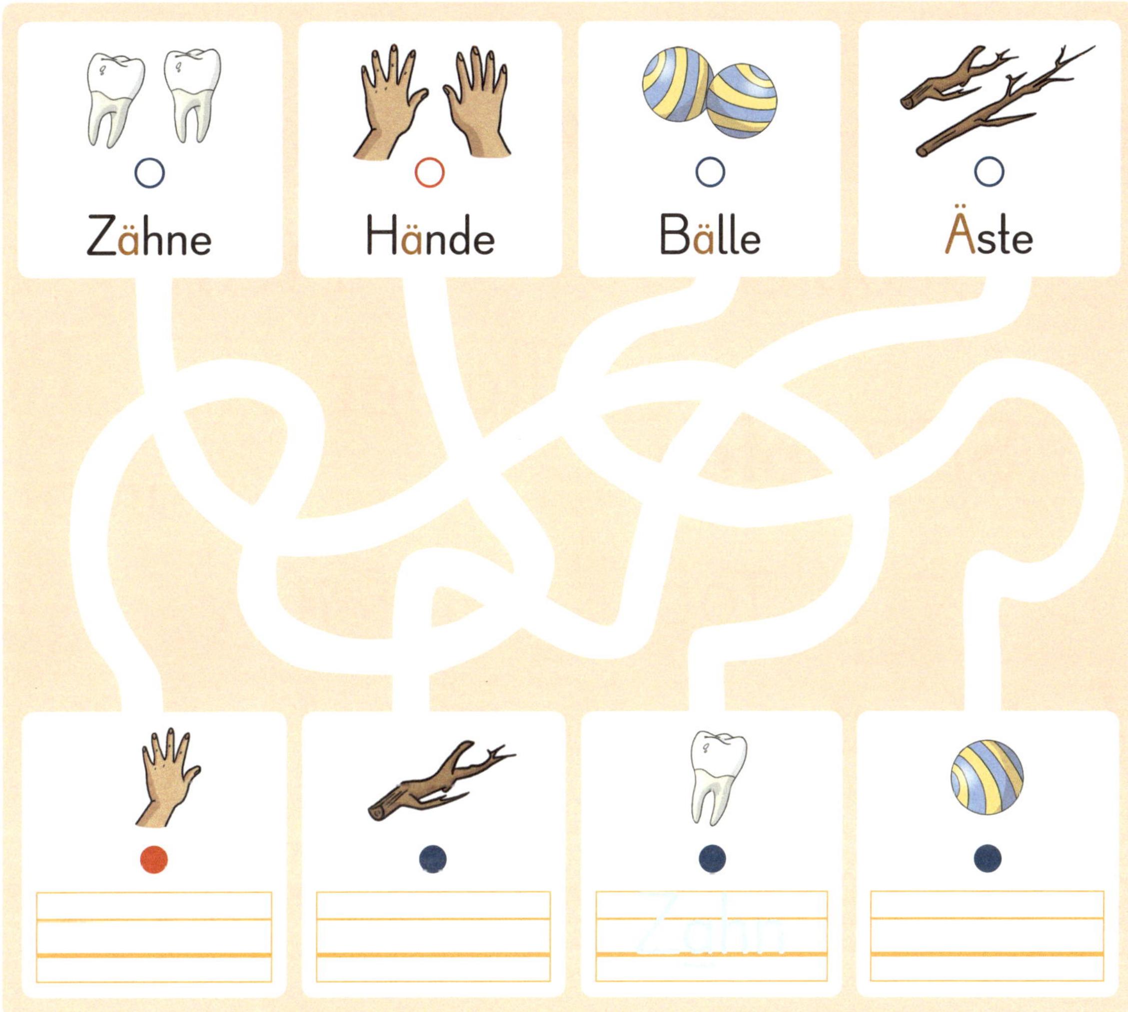

2

Einzahl		Mehrzahl	
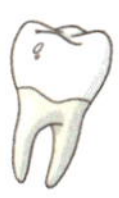	der Zahn	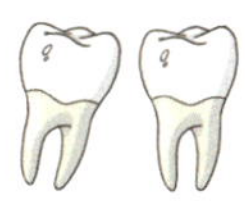	die Zähne

		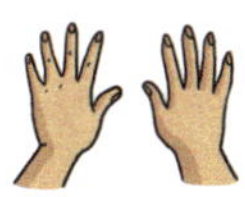	

▸ zu BB S. 14–15
▸ Diff.-Block S. 10

1. Bilder verbinden und Wörter im Singular aufschreiben [Rückführung vorgegebener Pluralwörter in den Singular]

2. Singular- und Pluralformen mit Artikel aufschreiben [! Umlaut ä]

Pf pf

1

Pfirsich Nilpferd

Pflanze

klopfen Pfeffer

Pflaster Pfote

Schnupfen stumpf

Topf pfeifen

Pferd Knopf Pfanne

2

Pf pf

Pferd

Kopf

Pfirsich

Apfel

pfeifen

klopfen

1. Buchstabenverbindung Pf/pf in Wörtern einkreisen

2. Wörter mit Pf/pf schreiben

▸ zu BB S. 14–15
▸ Diff.-Block S. 11

1

● Pferd

● Pfote

P	f	e	r	d	P	G	o
z	D	O	P	f	o	t	e
K	o	p	f	K	n	u	Z
E	m	T	A	p	f	e	l

● Kopf

● Apfel

das Pferd

die

2 Welches Wort passt nicht?

ein

Ananas	Apfel	Banane	~~Bett~~
Familie	Tiger	Giraffe	Pferd
Kopf	Baum	Pfote	Bein
Schwester	Bruder	Pfirsich	Mutter

1. gesuchte Wörter im Buchstabenteppich einkreisen und mit passendem Bild verbinden; Wörter mit passendem Artikel aufschreiben

2. unpassendes Wort durchstreichen

①

An der Kasse kauft die Lehrerin
die Eintrittskarten.
Die Kinder warten.

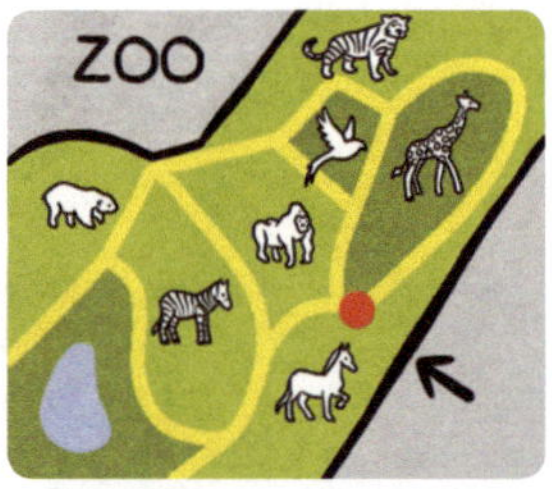

Die Kinder wollen alle Tiere besuchen.
Unterwegs sehen sie Giraffen, Zebras,
Pferde, Papageien, Bären, Tiger und Affen.

Die Affen machen lustige Sachen.
Milan und Matteo machen die Affen nach.

Der Tiger hat scharfe Zähne.
Timo und Lisa finden
den gefährlichen Tiger toll.

② Was ist richtig?

- Die Lehrerin kauft die Eintrittskarten. ☐
- Die Kinder wollen alle Tiere besuchen. ☐
- Unterwegs sehen die Kinder Enten. ☐
- Unterwegs sehen die Kinder Papageien. ☐
- Die Zebras machen lustige Sachen. ☐
- Timo und Lisa finden den Tiger toll. ☐

1. Text genau lesen
2. zum Text passende Aussagen ankreuzen

▸ zu BB S. 14–15
▸ Diff.-Block S. 13

1

die Kinder lachen

1

2

Timo ist ...

der Affe

klaut die Brille

2

Armer Timo

▸ zu BB S. 14–15
▸ Diff.-Block S. 14

1. Mindmap: passendes Wortmaterial zur Geschichte in Schreibblasen schreiben; Fortführung der Geschichte ausdenken und malen

2. eigene Geschichte mit Hilfe der Lauttabelle schreiben

1

- ~~Zoo~~
- Zirkus
- Koffer
- Postkarte
- Tasche
- Muschel
- Meer
- Schaf

~~baden~~
besuchen
fahren
sonnig
warm
kalt

der Zoo

baden

1. Wörter lesen und passendem Bild zuordnen [Mehrfachzuordnungen/Nichtzuordnungen sind möglich]; Verschriftung der Nomen mit Artikel

D eigene Sätze/Geschichten zu den Bildern schreiben

▸ Diff.-Block S. 15–16

Mein Ausflug – meine Reise

Da will ich gerne hin:

Das nehme ich mit:

Ich und du

1

Milan ist auf der Schaukel.

Der Hund liegt ________ Lisa.

Dilara liegt ________ der Rutsche.

Mia ist ________ dem Kletterturm.

Umut ist ________ dem Tor.

Der Ball liegt ________ dem Tor.

auf

neben

hinter

unter

1. zum Bild passende Präpositionen einsetzen

D in Partnerarbeit Fragen formulieren:
Wo ist (der Hund / …)?
– (Der Hund / …) ist (neben Lisa / …).
[! Dativ]

▸ zu BB S. 18–19

①

Mia ist sauer.	☐	Timo ist ärgerlich.	☐
Mia ist froh.	☐	Timo ist laut.	☐
Mia ist lustig.	☐	Timo ist leise.	☐

②

Ich bin sauer, …	Timo	Mia
… weil du mir wehtust.	☐	☐
… weil ich zuerst hier war.	☐	☐
… weil du immer die Erste sein willst.	☐	☐
… weil du schon so oft gerutscht bist.	☐	☐

1. passende Aussagen ankreuzen

2. genau lesen und passende Aussagen Timo oder Mia zuordnen

Eu eu 

①

②

Leute teuer deutsch

freundlich freuen

neu Freund heute

Feuer neun

leuchten Freude steuern

③

Flugzeug

Europa

Freund

Freundin

1. Stellung des eu-Lautes abhören (An-, In- und Auslaut)
D Wörter silbisch gegliedert sprechen

2. Buchstabenverbindung Eu/eu in den Wörtern einkreisen
3. Silbenbögen einzeichnen

▸ zu BB S. 22–23

Eu eu 

1

Eu eu

Eule

Feuer

Freund

Freundin

freuen

neu

2

Das Feuer leuchtet hell.

Die ______ ist auf dem Baum.

Mein ______ hilft mir immer.

▸ zu BB S. 22–23
▸ Diff.-Block S. 17–18

1. Wörter mit Eu/eu schreiben

2. Sätze passend ergänzen
D weitere passende Wörter für die Lückensätze finden

(1)

gefährliche | wilde | riesige | kleine

liebe | graue

der ... Tiger

die ... Maus

(2) Der Tiger

Der gefährliche Tiger

Der ________, ________ Tiger

Der ________, ________, ________ Tiger

ist mein ________.

(3) Die Maus

Die ________ Maus

Die ________, ________ Maus

Die ________, ________, ________ Maus

ist meine ________.

1. Bilder mit passenden Adjektiven verbinden

2. generatives Schreiben: Treppensätze formulieren [attributiver Gebrauch des Adjektivs]

▸ zu BB S. 24–25

1

riesige

der ... Dino

2 Der Dino

Der ______ Dino

Der ______ , ______ Dino

Der ______ , ______ , ______ Dino

ist mein ______ .

3 Mein Dino ist riesig.

Mein Dino ist ______ .

Mein Dino ist ______ .

Das ist mein Dino.

▸ zu BB S. 24–25

1. passende Adjektive suchen
2. generatives Schreiben: Treppensätze formulieren [attributiver Gebrauch des Adjektivs]
3. Sätze passend ergänzen [prädikativer Gebrauch des Adjektivs]

1 Richtig abschreiben

Wort lesen

schwierige Stellen markieren

abdecken, schreiben und mitsprechen

kontrollieren und verbessern

2

sich freuen

das Flugzeug

der Freund

1. Abfolge der Arbeitstechnik Abschreiben genau lesen

2. Arbeitstechnik Abschreiben: Wörter nach Handlungsvorlage abschreiben

▸ zu BB S. 26–27

(1)

● Baum ● Tiger ● Muschel

● Ampel ● Tor ● Bein

● Tasche ● Auto ● Ball

● der	● die	● das
der Baum		

(2)

Diese Nomen mit ● der kenne ich noch:

Diese Nomen mit ● die kenne ich noch:

Diese Nomen mit ● das kenne ich noch:

▸ zu BB S. 26–27

1. Nomen mit dem bestimmten Artikel in die Tabelle schreiben

2. Weitere Nomen mit der, die oder das aufschreiben

1

~~das Pferd~~	der Kater	das Auge	die Uhr
die Hand	der Turm	die Blume	das Tor
der Ball	das Rad	der Bagger	die Ampel

ein

ein	**eine**	**ein**
		ein Pferd

2

Hier ist eine Blume.

Die Blume ist rot.

Hier ist ein Pferd.

Hier ist ein Kater.

1. Nomen mit dem unbestimmten Artikel in die Tabelle schreiben

2. Satzmuster passend ergänzen
D eigene Sätze nach dem Muster der Aufgabe 2 bilden und dazu malen

▸ zu BB S. 26–27
▸ Diff.-Block S. 19–20

①

	das Zebra	die Blumen
	die Blume	die Beine
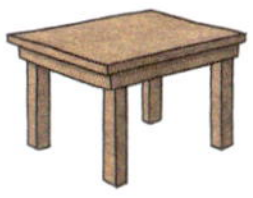	der Tisch	die Hasen
	der Hase	die Tische
	das Bein	die Ampeln
	die Ampel	die Zebras

② Kreuze die Nomen an.

- [ ] die Leute
- [ ] heulen
- [ ] eine Eule
- [ ] der Freund
- [ ] bunt
- [ ] die Fahne
- [ ] fahren
- [ ] der Turm
- [ ] freundlich
- [ ] die Freundin
- [ ] das Haus
- [ ] die Schule
- [ ] ein Sofa
- [ ] sehen
- [ ] nass

▸ zu BB S. 26–27
▸ Diff.-Block S. 21–22, 28

1. Wortpaare verbinden und Merkmale des Plurals unterstreichen

2. Nomen erkennen und ankreuzen

Qu qu

1

Qu

2

Qualle

Quark

O	Q	u	a	l	l	e	b	K
A	q	u	a	r	i	u	m	s
u	Q	u	a	r	k	Q	a	r
Q	r	m	Q	u	a	l	m	P

Aquarium

Qualm

1. Anlaut abhören

2. gesuchte Wörter im Buchstabenteppich einkreisen und mit passendem Bild verbinden

▸ zu BB S. 28–29

Qu qu 

① Qu qu

② Qu

qu

Quark

Qualle

quatschen

③ Mein Freund isst Quark.

Timo quatscht gerne mit Emira.

1. Qu/qu nachspuren
2. Wörter mit Qu/qu schreiben

3. Arbeitstechnik Abschreiben: Sätze abschreiben
D Satzvarianten zu Aufgabe 3 schreiben

J j

1

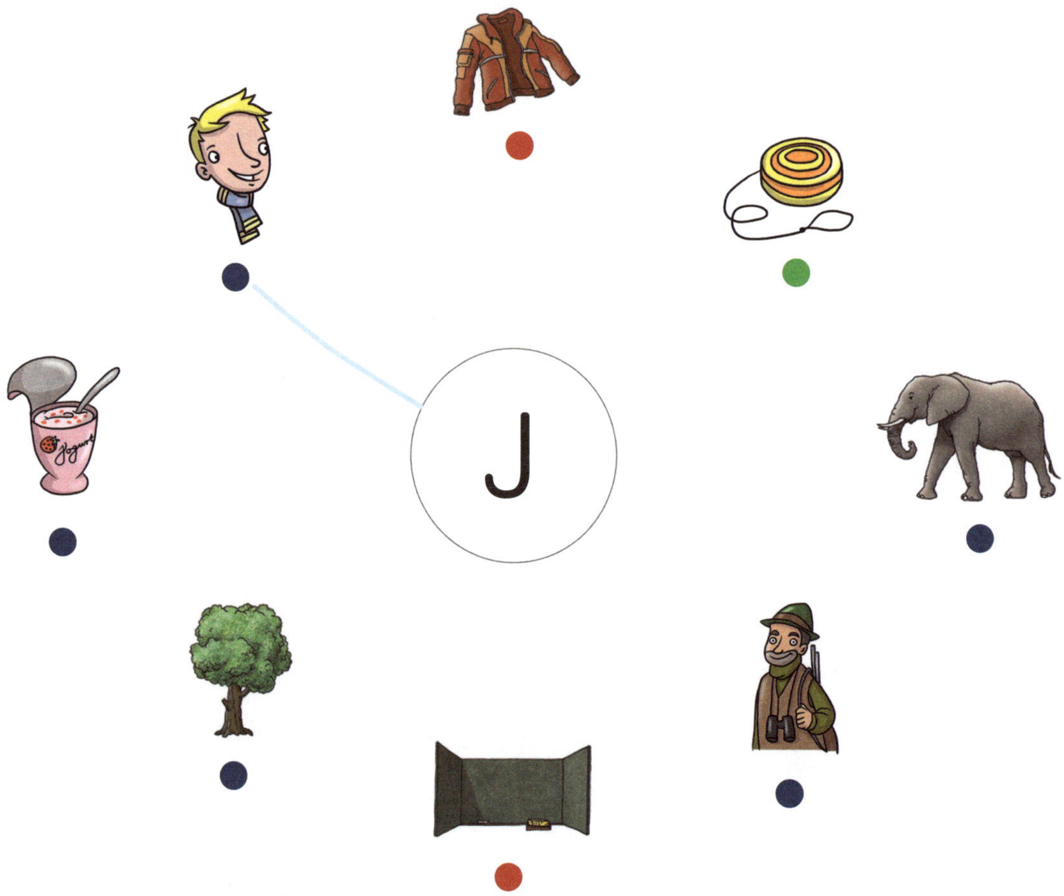

2

jammern

Juli

ja

jubeln

Judo

jeder

Jacke

Jogurt

Jahr

jetzt

Jo-Jo

jagen

Jaguar

1. Anlaut abhören
D Wörter silbisch gegliedert sprechen

2. Buchstaben J/j in den Wörtern einkreisen

▸ zu BB S. 28–29

J j

1

1. ↓ J 2. • j

J j J j

2

J

j

Jogurt

Jahr

jubeln

3

Jule mag Quark mit Erdbeeren.

Jan mag Jogurt mit Bananen.

1. J/j nachspuren
2. Wörter mit J/j schreiben

3. Arbeitstechnik Abschreiben: Sätze abschreiben
D Satzvarianten zu Aufgabe 3 schreiben

1

Das bin ich

Name: Emira

Alter: 7

Augenfarbe: braun

Meine liebsten Tiere:

Meine liebste Farbe: rosa

Meine liebste Zahl: 1

Das mag ich nicht: Jogurt

Das finde ich toll:

Das bin ich

Name: Timo

Alter: 7

Augenfarbe: braun

Meine liebsten Tiere:

Jaguar und Tiger

Meine liebste Farbe: 

Meine liebste Zahl:

Das mag ich nicht:

Quallen 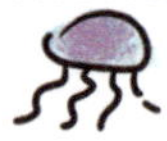

Das finde ich toll:

Quark mit Bananen

2

	Emira	Timo
Wer hat schwarze Haare?	☒	☒
Wer hat braune Augen?	☐	☐
Wer mag Elefanten?	☐	☐
Wer mag die Farbe Rot?	☐	☐
Wer mag die Zahl 7?	☐	☐
Wer mag keinen Jogurt?	☐	☐
Wer ist sieben Jahre alt?	☐	☐

1. Steckbriefe genau lesen
2. passende Aussagen zu Emira und/oder Timo ankreuzen

D ähnliche Fragen zu den Steckbriefen entwickeln

► zu BB S. 28–29
► Diff.-Block S. 27

1

Das bin ich

Name: ____________________

Alter: ____________________

Augenfarbe: ____________________

Meine liebsten Tiere:

____

Meine liebste Farbe:

____

Meine liebste Zahl:

____

Das mag ich nicht:

____

____

Das finde ich toll:

____

____

▸ zu BB S. 28–29

1. Steckbrief ausfüllen

1

der Kletterturm

- ~~Kletterturm~~
- Torwart
- Freund
- Freundin
- Seilbahn
- Rutsche

helfen

jubeln

sich ärgern

ärgerlich

☺ 😐 ☹

1. Wörter lesen und passendem Bild zuordnen [Mehrfachzuordnungen sind möglich]; Verschriftung der Nomen mit Artikel

D eigene Sätze/Geschichten zu den Bildern schreiben

► Diff.-Block S. 29–30

Freundschaft

Mein bester Freund:

Ich mag ihn, weil er

Er mag mich, weil

Meine beste Freundin:

Ich mag sie, weil sie

Sie mag mich, weil

Ich kenne mich aus

1

Sie arbeitet mit Kindern in der Klasse.

Sie fährt die Kinder zur Schule.

Er repariert kaputte Sachen.

Sie schreibt an eine Tafel.

Sie hilft der Rektorin.

Er braucht oft eine Bohrmaschine.

Sie telefoniert oft.

Sie hilft Kindern beim Lernen.

● Hausmeister

● Sekretärin

● Busfahrerin

● Lehrerin

1. Sätze und Bilder passend zuordnen
[Mehrfachzuordnungen sind möglich]

▸ zu BB S. 34–35

① ● Frau – ● Mann

Frau		Mann
die Sekretärin	–	
die Lehrerin	–	
die Rektorin	–	
	–	der Hausmeister

② Wer hilft der Rektorin?

Die Sekretärin hilft der Rektorin.

Wer fährt die Kinder zur Schule?

________ fährt die Kinder zur Schule.

Wer repariert kaputte Sachen?

________ repariert kaputte Sachen.

Wer hilft Kindern beim Lernen?

________ hilft Kindern beim Lernen.

▸ zu BB S. 34–35

1. männliche bzw. weibliche Berufsbezeichnung ableiten und aufschreiben

2. Sätze passend ergänzen
D weitere Berufsbezeichnungen und Fragen dazu sammeln

1

~~Postbote~~

Palme

Hase

Buch

Pferd

Besen

Freund

Rose

Menschen: der Postbote

Sachen:

Tiere:

Pflanzen:

2

Personen, die ich kenne:

Sachen, die ich kenne:

Tiere, die ich kenne:

Pflanzen, die ich kenne:

1. Nomen nach inhaltlichen Kategorien ordnen und aufschreiben [inhaltliche Bestimmung der Konkreta nach Sammelbegriffen]

2. weitere Nomen zu den inhaltlichen Kategorien sammeln

▸ zu BB S. 36–37
▸ Diff-Block S. 31–32

1

Einzahl	Mehrzahl
das Tor	die Tore
das Pferd	die
das Bein	die
das Flugzeug	die
die Palme	die Palmen
der Postbote	die
der Hase	die
die Rose	die

2 Sage immer die Einzahl und die Mehrzahl.

▸ zu BB S. 36–37
▸ Diff.-Block S. 33–34

1. Plural bilden und aufschreiben [e-Plural, n-Plural]

2. Würfelspiel: auf jedem Feld das Wort im Singular und im Plural nennen; bei richtiger Nennung das Feld in der Farbe des Spielers ausmalen; Kontrollmöglichkeit durch Aufgabe 1

V v

①

Vater

Vulkan

4

vier

V v wie bei Vogel

V v wie bei Vampir

Klavier

Verband

Vitaminsaft

②

Vater Klavier viel

Olive voll

brav Vampir Kurve

einundvierzig verkaufen

1. Wörter sprechen, Silbenbögen einzeichnen und mit passender Lautqualität von V/v verbinden [! unterschiedliche Lautqualitäten müssen vorher erarbeitet werden]

2. Buchstaben V/v in den Wörtern einkreisen

▸ zu BB S. 38–39

V v

1

1. 2.

V v

2

V v

Vater

Olive

verkaufen

vier

3

Vater kauft Vitaminsaft.

Die Oliven kosten vier Euro.

ß 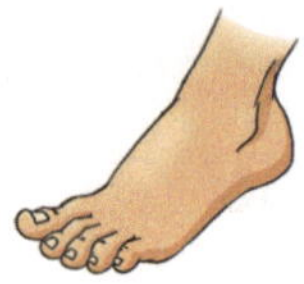

1

groß draußen

Fußball schießen

heißen heiß Anstoß

fließen

Gruß gießen

dreißig weiß fleißig

2

schießen gießen schieben

schieben	schießen	gießen	schießen	schieben
gießen	gießen	schieben	schieben	schießen
schießen	schieben	gießen	schießen	gießen
gießen	schießen	schieben	gießen	schießen

1. Buchstaben ß in den Wörtern einkreisen
D Wörter silbisch gegliedert sprechen

2. Wörter mit den angegebenen Farben einkreisen

▸ zu BB S. 38–39

ß 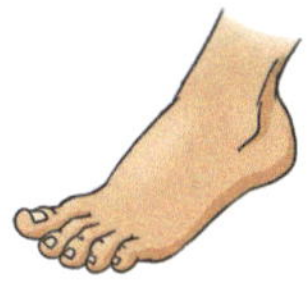

1

ß ß ß ß ß

1. 2.

2

ß

Fuß

gießen

fleißig

3

Milan schießt den roten / weißen Fußball in / hinter das Tor.

1. ß nachspuren
2. Wörter mit ß schreiben

3. Arbeitstechnik Abschreiben: zum Bild passenden Satz bilden und abschreiben

① Ordne zu.

1 ① Schwimmbad

② Turm

③ Kiosk

④ Post

② Zeichne Mias Weg in die Karte ein.

Mia will nach Hause gehen.

Sie geht an der Post vorbei.

Hinter der Post biegt Mia rechts ab.

Sie geht bis zur Ampel.

An der Ampel wartet Mia, bis sie gehen darf.

Im Haus auf der anderen Seite wohnt Mia.

1. Ziffern der angegebenen Orte im Bild eintragen
2. Mias Weg in das Bild einzeichnen

D beschreiben, wie Leo zu seinem Ziel kommt

► zu BB S. 40–41

5 Fußballfeld

6 Ampel

7 Polizei

8 U-Bahn

1 Finde Timos Weg. Male vier Pfeile aus.

Timo will in das Schwimmbad.

Timo geht an der Polizei vorbei.

Timo geht an der U-Bahn vorbei.

Timo biegt rechts ab.

Timo geht weiter geradeaus.

Timo geht durch den Park und kommt an einen Kiosk.

Timo geht durch den Park und kommt an einen Turm.

Timo ist am Schwimmbad.

▸ zu BB S. 40–41

1. Timos Weg durch Ausmalen der passenden Pfeile kennzeichnen

D beschreiben, wie Lina zu ihrem Ziel kommt

Ö ö

①

②

böse Möbel Dornröschen

Schildkröte öffnen

hören flöten Frisör

können blöd König

plötzlich

schön ölen

1. Anlaut und Inlaut abhören
D Wörter silbisch gegliedert sprechen

2. Buchstaben Ö/ö in den Wörtern einkreisen

▸ zu BB S. 42–43

Ö ö

①

Ö ö

Öl

Löwe

②

Einzahl		Mehrzahl
● 	ein Kopf	○  zwei Köpfe
● 	ein Frosch	○ 
● 	ein Koch	○ 
● 	ein Topf	○ 

ein

③

Zwei Löcher sind im Topf.
Die Köche können nicht kochen.

▸ zu BB S. 42–43
▸ Diff.-Block S. 39–40

1. Wörter mit Ö/ö schreiben
2. Plural bilden und schreiben
[! e-Plural mit Umlautung]
D weitere Beispiele für die Pluralklassen suchen

3. Arbeitstechnik Abschreiben: Sätze abschreiben
D mit Wörtern aus Aufgabe 2 eigene Sätze bilden

1

Emira geht zum Arzt.
Er verbindet Emiras Knie.

Die Frisörin schneidet Mia die Haare.
Dann föhnt sie die Haare
und macht Mia zwei schöne Zöpfe.

Die Postbotin kommt.
Sie gibt Momo einen großen Brief.
Ist es endlich der Brief von Oma?

Matteo sieht dem Hausmeister zu.
Der Hausmeister bohrt mit der Bohrmaschine
zwei Löcher in die Wand. Ist das laut!

2 Was ist richtig?

- Der Arzt verbindet Emiras Arm. ☐
- Mia hat zwei Zöpfe. ☐
- Momo wartet auf Post von Oma. ☐
- Momo bekommt einen Brief. ☐
- Der Hausmeister repariert eine Tafel. ☐
- Der Hausmeister bohrt Löcher in die Wand. ☐

1. Text genau lesen
2. zum Text passende Aussagen ankreuzen

▸ zu BB S. 42–43

1

⚀	Dilara		⚀	Döner.
⚁	Momo		⚁	Fußball.
⚂	Frau Koch		⚂	Vitaminsaft.
⚃	Der Vampir	mag	⚃	Frösche.
⚄	Die Königin		⚄	weiße Möbel.
⚅	______		⚅	bunte Vögel.

2

▸ zu BB S. 42–43
▸ Diff.-Block S. 41

1. würfeln und Sätze lesen
2. Sätze würfeln, lesen und schreiben

1 Welcher Tag?

Montag

Am Dienstag habe ich einen Döner mit viel weißer Soße gegessen. Der Döner war super!

Dienstag

Am ______________ sind wir in den Zoo gefahren. Die Löwen haben wirklich gefährlich ausgesehen!

Mittwoch

Am ______________ habe ich mit Tante Selin telefoniert. Tante Selin will ein schönes, großes Auto kaufen!

Donnerstag

Am ______________ haben Timo, Mia und ich Emira besucht. Sie hat einen Verband um das Knie.

Freitag

Am ______________ war ich mit Timo und seinem Vater auf dem Fußballfeld. Ich habe zwölf Tore geschossen!

1. passende Wochentage eintragen

▸ zu BB S. 42–43

1

1

☐ Wir sind zusammen gerutscht.

☐ Darum hat der Bademeister geschimpft.

☐ Am Sonntag sind Mia und ich ins Bad gegangen.

Sonntag, 17. Oktober

2

Was hast du ☐ am Wochenende ☐ gestern gemacht?

▸ zu BB S. 42–43
▸ Diff.-Block S. 42

1. Sätze nach der richtigen Reihenfolge nummerieren
2. Sätze als Tagebucheintrag aufschreiben
3. Erlebnisse des vorangegangenen Tages oder des vergangenen Wochenendes aufschreiben

D ein Wochentagebuch führen

1

der Hausmeister

- ● Hausmeister
- ● Polizist
- ● Bus
- ● Fahrradhelm
- ● Unfall
- ● Rektorin
- ● Sekretärin

bluten

reparieren

telefonieren

weinen

kaputt

☺ 😐 ☹

1. Wörter lesen und passendem Bild zuordnen [Mehrfachzuordnungen/Nichtzuordnungen sind möglich]; Verschriftung der Nomen mit Artikel

D eigene Sätze/Geschichten zu den Bildern schreiben

► Diff.-Block S. 43–44

Mein Beruf

Das will ich werden!

Das mache ich:

Das brauche ich:

1

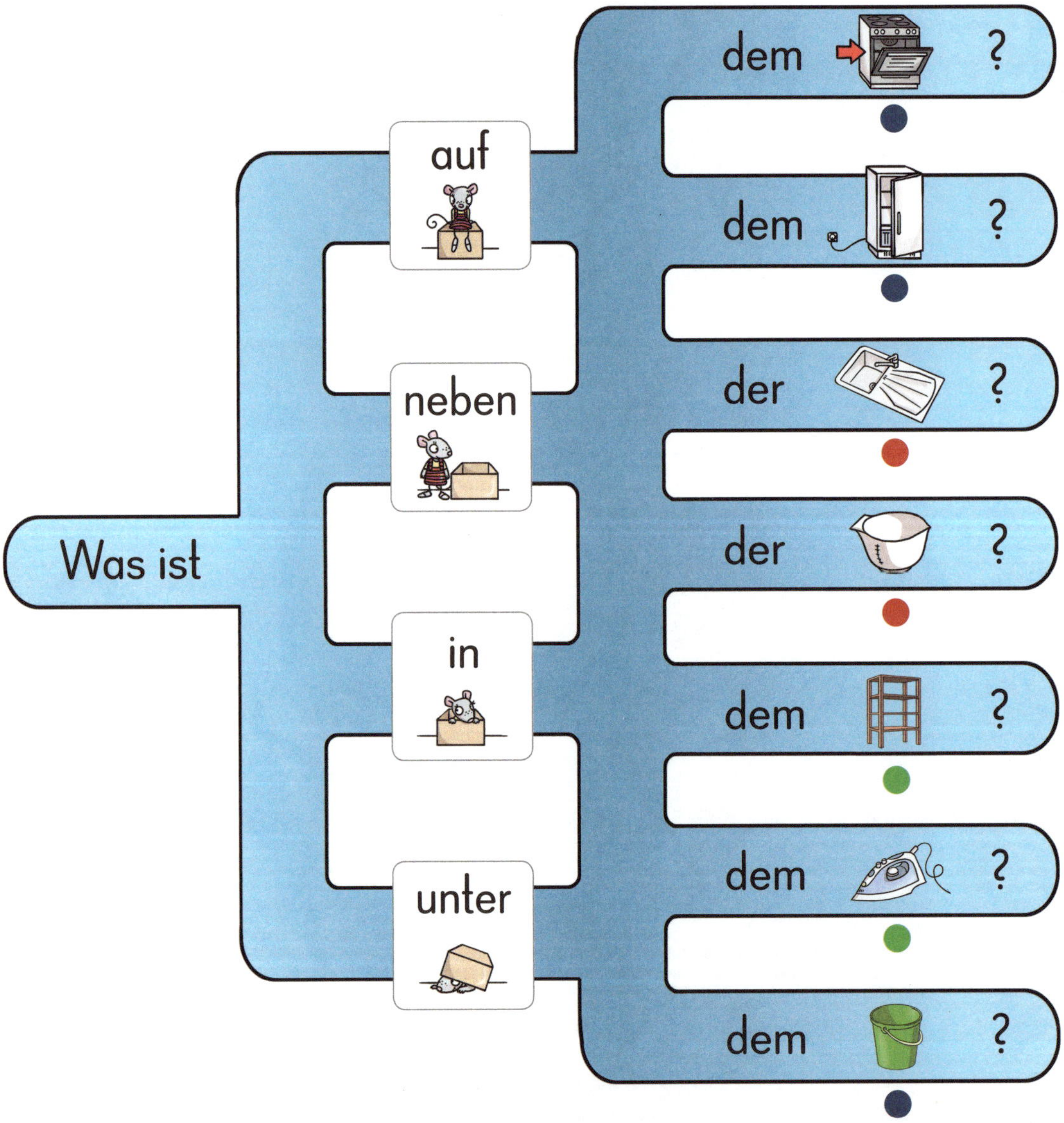

1. mit Hilfe der Satzstraße in Partnerarbeit Fragen stellen und beantworten [! Dativ]

D in Partnerarbeit Fragen formulieren: *Ist (die Ananas/…) auf/neben/in/unter (der Schüssel/…)? – Ja, (…) ist auf/neben/in/unter (…)?/Nein, (…) ist nicht auf/neben/in/unter (…).* [! Dativ]

▸ zu BB S. 48–49

① Der Kuchen ist in ______ dem  .

Das Messer ist ______ dem  .

Das Glas ist ______ der  .

Die Ananas ist ______ der  .

Der Besen ist ______ dem  .

Lina ist ______ dem 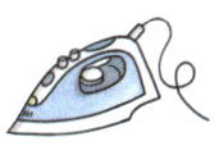 .

Leo ist ______ dem  .

1. zum Bild passende Präpositionen einsetzen

1

Umut		ein Eis	machen
Emira	muss	den Boden	essen
Timo	darf	Hausaufgaben	spielen
Mia		Fußball	fegen

2

Umut darf

1. Satzteile so verbinden, dass sie zu den Bildern passen

2. Sätze aufschreiben
[! Verbklammer bei Modalverben]

► zu BB S. 50–51

1 Ich muss zu Hause …

- ☐ mein Zimmer saugen.
- ☐ das Badezimmer sauber machen.
- ☐ das Geschirr abwaschen.
- ☐ auf meine Schwester aufpassen.
- ☐ auf meinen Bruder aufpassen.

Ich darf zu Hause …

- ☐ ganz laut Musik hören.
- ☐ viel Schokolade essen.
- ☐ Quatsch machen.
- ☐ am Nachmittag fernsehen.
- ☐ Essen kochen.

2

Ich muss zu Hause	Ich darf zu Hause
______________________	______________________
______________________	______________________
______________________	______________________
______________________	______________________
______________________	______________________

1. zutreffende Satzteile ankreuzen

2. aufschreiben, was man zu Hause machen muss oder darf
[! Verbklammer bei Modalverben]

Ü ü

①

Ü ü

②

Tür Überholverbot süß

wütend türkisch

grün küssen

Übung Küche

Mülltüte Bügeleisen

Schüssel Gemüse

1. Anlaut und Inlaut abhören

2. Buchstaben Ü/ü in den Wörtern einkreisen
D Wörter silbisch gegliedert sprechen

▸ zu BB S. 52–53

Ü ü

1

Ü ü

Würfel

üben

Tür

süß

2

Der Würfel liegt

- im Mülleimer.
- in der Schüssel.

Der Mülleimer ist

- über der Tür.
- neben der Tür.

1. Wörter mit Ü/ü schreiben

2. Arbeitstechnik Abschreiben: zum Bild passende Sätze bilden und abschreiben

1 Wie musst du malen?

aus malen

ab malen

an malen

2 Welches Wort fehlt: anmalen, ausmalen oder abmalen?

Dilara darf die Figur ________________ .

Umut will das Bild ________________ .

Momo soll die Tulpe ________________ .

1. Elefanten aus-, ab- oder anmalen [Bedeutungsveränderung präfigierter Verben]

2. Verben aus Aufgabe 1 passend einsetzen

▸ zu BB S. 56–57

1

aus — zu — auf — vor

machen

___

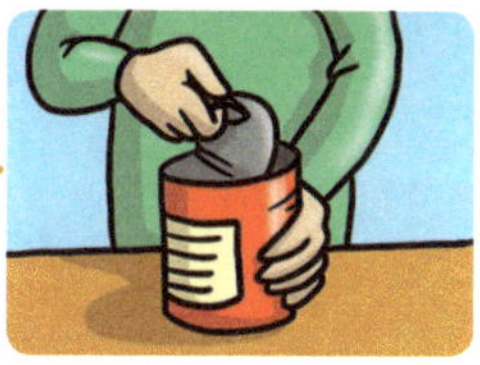

___

ausmachen

___

2

Timo darf nicht fernsehen.

Er soll den Fernseher ausmachen.

Papa möchte Tomatensoße kochen.

Er muss eine Dose mit Tomaten ___.

Emira kennt einen neuen Tanz.

Sie will ihrer Freundin die Schritte ___.

Es ist kalt.

Opa muss seinen Mantel ___.

1. Verb mit passenden Wortbausteinen zusammensetzen

2. Verben aus Aufgabe 1 passend einsetzen

1 Papa, Mama, Emira und ihr Bruder Salim wollen einen Ausflug machen.
Emira darf eine Freundin mitnehmen.
Jeder hat eine Aufgabe.

ein

Aufgaben:
Emira: Freundin anrufen
Papa: Essen einkaufen
Mama: Salat vorbereiten
Salim: Fußball aufpumpen

Emira darf ihre Freundin anrufen.

Sie ruft ihre Freundin an.

Salim soll seinen Fußball aufpumpen.

Er pumpt

Papa muss

Er

Mama soll

Sie

1. Sätze nach vorgegebenem Muster bilden und aufschreiben [Sätze mit Modalverben, Sätze mit trennbaren Verben/Verbklammer]

▸ zu BB S. 56–57

1 Schreibe auf, was Umut macht.

viel zu spät

auf | wachen

Umut wacht viel zu spät auf.

sich schnell

an | ziehen

Umut zieht sich schnell an.

die Treppe

hinunter | gehen

Er

schnell

los | rennen

Er

endlich

an | kommen

▸ zu BB S. 56–57
▸ Diff.-Block S. 48

1. nach vorgegebenem Muster Sätze bilden und aufschreiben [Sätze mit trennbaren Verben/Verbklammer]

Sp sp

(1)

Sp

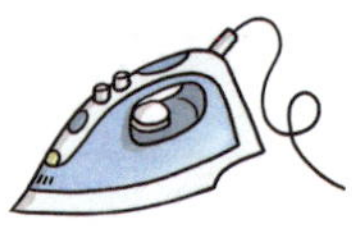

(2)

spielen Spagetti Sprache

Spritze spanisch

Spiel Spinne

Spüle Spinat

sprechen sparen spülen

Sport Spitze

1. Anlaut abhören [! auf Aussprache von sp in zusammengesetzten Wörtern wie *Nadelspitze* oder *abspülen* hinweisen]

2. Buchstabenverbindung Sp/sp in den Wörtern einkreisen
D Wörter silbisch gegliedert sprechen

▸ zu BB S. 58–59

Sp sp

①

Sp sp

Spiegel

Spinat

spülen

spielen

spät

②

Matteo schaut in den ______________ .

Lisa und Milan ______________ Geschirr.

Umut und Emira ______________ Karten.

③ Emira mag gerne Spinat.

Lisa spült gerne.

▸ zu BB S. 58–59
▸ Diff.-Block S. 49–50

1. Wörter mit Sp/sp schreiben
2. Wörter aus Aufgabe 1 passend einsetzen
3. Arbeitstechnik Abschreiben: Sätze in eigenes Heft schreiben
D mit Wörtern aus Aufgabe 1 eigene Sätze bilden

St st

1

2

stehen Stift Stunde

Straße steil

Stern stellen stolz

Stein streichen

streiten Staub Stiefel

Stufe Strand

1. Anlaut abhören [! auf Aussprache von st in zusammengesetzten Wörtern wie *Handstand* oder *aufstehen* hinweisen]

2. Buchstabenverbindung St/st in den Wörtern einkreisen
D Wörter silbisch gegliedert sprechen

▸ zu BB S. 58–59

St st 

1

St st

Stift

Stern

stehen

stellen

2 Welches Wort passt nicht?

ein

Stern	Stift	Mond	Himmel	Wolke
Staubsauger	Besen	Bügelbrett	Stiefel	Spüle
Stein	Stuhl	Tisch	Sessel	Sofa
Radiergummi	Buntstift	Lineal	Bleistift	Müll

3 Mia sucht ihren Stift.

Sie findet den Stift auf / unter dem Stuhl.

1. Wörter mit St/st schreiben
2. unpassendes Wort durchstreichen

3. Arbeitstechnik Abschreiben:
zum Bild passende Sätze bilden und
in eigenes Heft schreiben

1

Guten Tag.

Hallo Mia.

Ich hätte gerne fünf Brötchen.

Möchtest du Brötchen mit Körnern?

Ja.

Darf es noch etwas sein?

Ja, ein Vollkornbrot und einen Streuselkuchen, bitte.

Hast du noch einen Wunsch?

Nein, danke.

Das macht dann ______ Euro.

Hier, zehn Euro.

Dann bekommst du ______ Euro wieder.

Danke schön. Auf Wiedersehen.

Auf Wiedersehen Mia.

2 Was muss Mia noch einkaufen?

____

1. Verkaufsgespräch genau lesen; Preis und Rückgeld aus dem Text erschließen und aufschreiben [unterschiedliche Preise ergeben sich, wenn das Sonderangebot für Körnerbrötchen im Bild nicht beachtet wird]

2. Text mit dem Einkaufszettel abgleichen und aufschreiben, was noch zu kaufen ist
D Verkaufsgespräch in Partnerarbeit mit verteilten Rollen lesen

► zu BB S. 58–59
► Diff.-Block S. 53

1 Mama: Oma hat angerufen. Sie kommt am Wochenende.
Umut: Toll! Schläft sie bei uns?
Papa: Ja. Und deshalb musst du noch dein Zimmer saugen.
Mama: Und ich sauge das Wohnzimmer! Wir brauchen auch noch Saft. Und Tee haben wir auch nicht mehr.
Umut: Kochen wir türkisch?
Mama: Das ist eine gute Idee. Dann brauchen wir noch Spinat, Schafskäse und ein Fladenbrot.
Papa: Ich kaufe alles ein.
Mama: Gut. Dann hole ich den Staubsauger.
Umut: Und ich hole meine Stifte und male ein Bild für Oma!
Mama: Tamam!

---

2 Unterstreiche alles, was eingekauft werden muss. Schreibe einen Einkaufszettel.

ein

▸ zu BB S. 58–59
▸ Diff.-Block S. 54

1. Text genau lesen; Ü türk. tamam – okay
D Text mit verteilten Rollen lesen

2. im Text unterstreichen, was alles eingekauft werden muss und Einkaufszettel schreiben

① Was passt zusammen?

saugen

fegen

bügeln

spülen

● Geschirr

● Staubsauger

● Spüle

● Bügeleisen

● Besen

nass

sauber

heiß

②

- ⚀ Was kann man alles kochen?
- ⚁ Was kann man alles bügeln?
- ⚂ Was kann man alles spülen?
- ⚃ Was machst du in der Küche am liebsten?
- ⚄ Was kann man in der Küche alles tun?
- ⚅ Was gehört alles in eine Küche?

1. Nomen mit passenden Verben und Adjektiven verbinden [Mehrfachzuordnungen sind möglich]

2. in Partnerarbeit würfeln und auf gewürfelte Frage antworten
D weitere Fragen für das Würfelspiel ausdenken

▸ Diff.-Block S. 55–56

Aufgaben in meiner Familie

Geschirr spülen: ______________________

Essen kochen: ______________________

Wäsche waschen: ______________________

Sachen reparieren: ______________________

Mülleimer leeren: ______________________

____

Diese Aufgaben mache ich gern:

____

____

Diese Aufgaben mache ich nicht gern:

____

____

Ich stelle mir vor

(1)

Das Töpfchen

Ein armes Mädchen sollte auf dem Markt Brot kaufen. Es kaufte aber ein Töpfchen. Ihre Mutter war nun böse und warf das Töpfchen auf die Straße.

Eine alte Frau fand das Töpfchen. Sie kochte Essen darin. Das Töpfchen aber lief – holterdipolter – zum Haus des Mädchens und klopfte:

Wer ist da?

Das Töpfchen.

Was ist darin?

Etwas zu essen.

Das Mädchen nahm sich das Essen und warf das Töpfchen auf die Straße.

Die Frau des Sultans fand das Töpfchen. Sie legte ihre Diamanten und Perlen hinein. Das Töpfchen aber lief – holterdipolter – zum Haus des Mädchens und klopfte:

Wer ist da?

Das Töpfchen.

Was ist darin?

Etwas Schönes.

1. Bilder betrachten und beschreiben; dabei Wortmaterial sichern; Märchen vorlesen bzw. erlesen

► zu BB S. 62–63

Das Mädchen nahm die Diamanten und Perlen
und warf das Töpfchen auf die Straße.

Der Prinz fand das Töpfchen.
Das Töpfchen nahm den Prinzen – hopp – in sich auf.
Das Töpfchen aber lief – holterdipolter –
zum Haus des Mädchens und klopfte:

Wer ist da?

Das Töpfchen.

Was ist darin?

Etwas Schönes.

Das Mädchen und der Prinz aber heirateten.
Die Hochzeit dauerte 40 Tage.
Das Mädchen warf den Topf
nie mehr auf die Straße.

(2) Erzähle das Märchen deinem Partner.

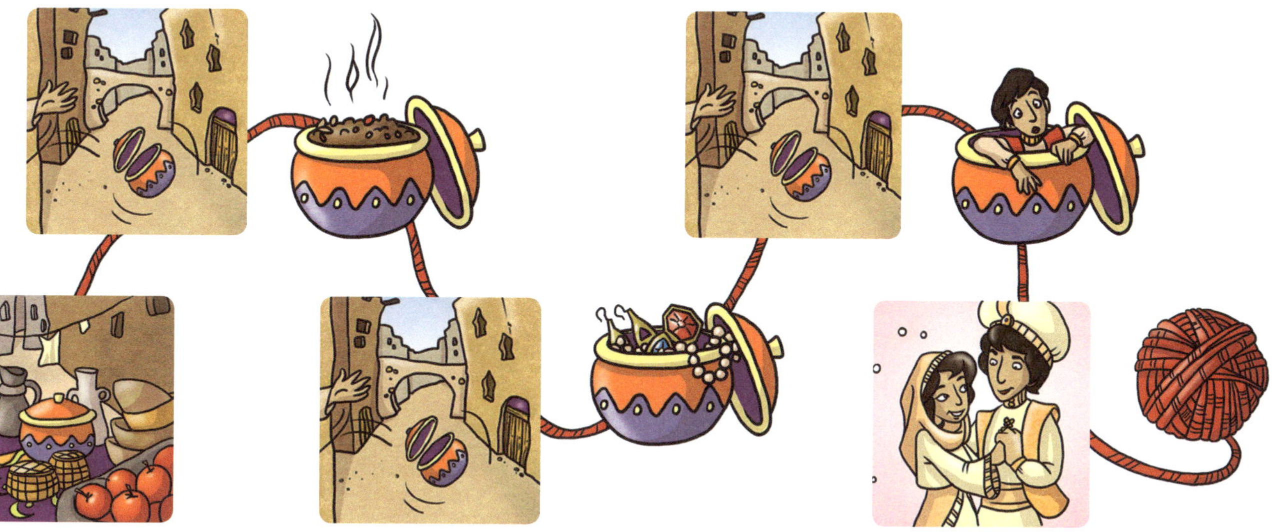

1. Märchen mit Hilfe des *roten Fadens* nacherzählen

D Märchen mit verteilten Rollen lesen; Märchen als szenisches Spiel vorführen

X x

1

Text hexen Praxis

Lexikon Axt

Max Mixer boxen

extra Hexe

Boxer Xylofon Taxi

2

Lexikon

Mixer

Hexe

Boxer

Taxi

Axt

1. Buchstaben X/x in den Wörtern einkreisen 2. Silbenbögen einzeichnen
D Wörter silbisch gegliedert sprechen

▸ zu BB S. 66–67

X x

①

1. 2. X 1. 2. x

X x X x

②

X

x

Hexe

hexen

③

Leo mixt den Teig mit dem Mixer.

Lina ist eine freche Hexe.

Leo ist ein Taxifahrer.

Lina trägt Boxhandschuhe.

▸ zu BB S. 66–67

1. X/x nachspuren
2. Wörter mit X/x schreiben

3. Arbeitstechnik Abschreiben: Sätze mit den passenden Bildern verbinden und in eigenes Heft schreiben

Y y

1

Yak

Olympiade

Pony

Teddy

Y y wie bei Pyramide

Y y wie bei Handy

Y y wie bei Yoga

Xylofon

Baby

Dynamo

2 Welches Wort passt nicht?

~~ein~~

Dynamo	Sattel	Baby	Rad	Fahrradkette
Flöte	Klavier	Xylofon	Pony	Trompete
Hexe	Zauberer	Prinz	Fee	Handy
Salat	Suppe	Teddy	Brot	Döner

1. Wörter sprechen, Silbenbögen einzeichnen und mit passender Lautqualität von Y/y verbinden [! unterschiedliche Lautqualitäten müssen vorher erarbeitet werden]

2. unpassendes Wort durchstreichen

▸ zu BB S. 66–67

Y y

1

Y y

2

Y

y

Handy

Yoga

Pyramide

3

Ein Pony ist	ein kleines Kind. 
Ein Baby ist	ein Telefon. 
Ein Handy ist	ein Kuscheltier. 
Ein Teddy ist	ein kleines Pferd. 

▸ zu BB S. 66–67
▸ Diff.-Block S. 57

1. Y/y nachspuren
2. Wörter mit Y/y schreiben

3. Arbeitstechnik Abschreiben: passende Satzteile verbinden und in eigenes Heft schreiben

C c 

①

 Cent

 Comic

 Cola

 Clown

C c wie bei Computer 

C c wie bei City 

②

Es ist eine Geschichte mit vielen Bildern.

Du kannst damit bezahlen.

Du kannst damit schreiben.

Im Zirkus lachen alle über ihn.

③

 der — C e n t (1)

 (2)

 (3)

 (4)

Lösungswort: T 1 2 3 4

1. Wörter mit passender Lautqualität von C/c verbinden [! unterschiedliche Lautqualitäten müssen vorher erarbeitet werden]
2. Sätze mit passenden Bildern verbinden
3. Kreuzworträtsel lösen

▸ zu BB S. 66–67
▸ Diff.-Block S. 58

1 Schreibe das ABC mit kleinen Buchstaben auf.

A	B	C	D	E	F	G	H	I	J	K
a	b	c								

L	M	N	O	P	Qu	R	S	T	U

V	W	X	Y	Z

2 Finde den Weg zu Dornröschen.
Schreibe dabei das ABC.

▸ zu BB S. 66–67

1. Alphabet mit Kleinbuchstaben aufschreiben
2. fehlende Buchstaben des Alphabets eintragen

D Alphabet mit verschiedenen Stiften/Farben aufschreiben

1 Verbinde die Punkte nach dem ABC.

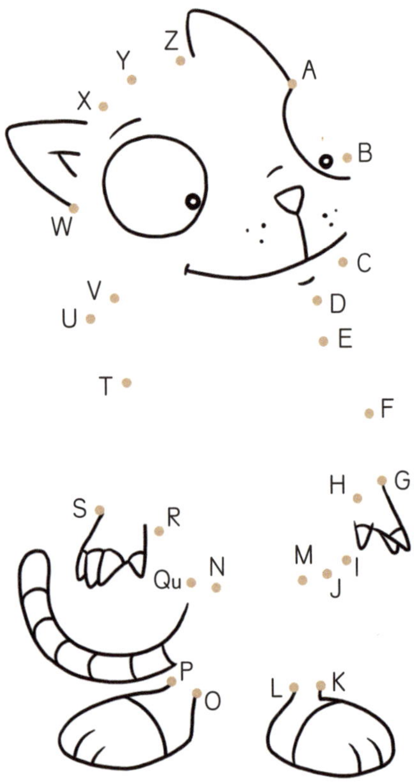

2 Welche drei Buchstaben fehlen in der ABC-Reihe?

A B C D E F G H I K L M N O P Qu R T U W X Y Z

Es fehlen ☐ ☐ ☐

3 Schreibe die Nachbarbuchstaben auf.

	D		R					O
U					H		L	

1. Punkte nach dem Alphabet verbinden
2. fehlende Buchstaben finden und aufschreiben
3. Nachbarbuchstaben des Alphabets ergänzen

D eigene Übungen zu Nachbarbuchstaben aufschreiben

▸ zu BB S. 66–67

1 Schreibe zu jedem Buchstaben das passende Wort.

Märchen, Zauberer, ~~Cinderella~~, Sultan, Igel, Fee, Königin, Vogel, Rose, Jäger, Wolf, Nacht, ~~Apfel~~, Hexe, Lampe, Ofen, Quelle, Esel, Urwald, Palast, ~~Burg~~, Gold, ~~Drachen~~, Turm

A Apfel
B Burg
C Cinderella
D Drachen
E
F
G
H
I
J
K
L
M

N
O
P
Qu
R
S
T
U
V
W
X
Y
Z

▸ zu BB S. 66–67
▸ Diff.-Block S. 59–60

1. Märchen-ABC ergänzen
D weitere Märchen-Wörter finden

1

 Schnee — Schneeball

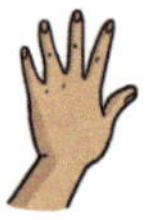 Hand

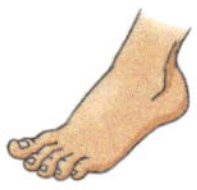 Fuß

 Feder

2

Märchen

 Buch — Märchenbuch

 Prinz

 Schloss

 Wald

1 Nomen zusammensetzen und aufschreiben [Variation des Bestimmungswortes]; kleinen Anfangsbuchstaben des Grundwortes unterstreichen

2. Nomen zusammensetzen und aufschreiben [Variation des Grundwortes]; kleinen Anfangsbuchstaben des Grundwortes unterstreichen

▸ zu BB S. 70–71
▸ Diff.-Block S. 61

1

ein

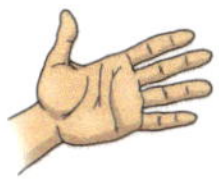
die Hand

der Schuh

der Handschuh

___ Haus

___ Tür

___ Haustür

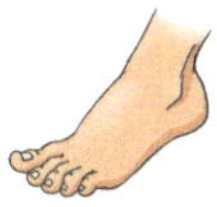
___ Fuß

___ Ball

___ Fußball

___ Müll

___ Auto

___ Müllauto

2 Was isst du gerne?

Tomaten

Käse

Apfel

+

Brot

Kuchen

Suppe

▸ zu BB S. 70–71
▸ Diff.-Block S. 62

1. passende Artikel ergänzen; Artikelpunkte der zusammengesetzten Nomen passend ausmalen

2. eigene zusammengesetzte Nomen mit Artikel aufschreiben [auch Fantasiewörter wie Tomatenkuchen sind möglich]

-äu

① Bäume träumen Räuber

Häuptling Verkäuferin

häufig

aufräumen Läufer

Verkäufer

Läuse Mäuse

② Ball Maus Baum Zaun Zahn ~~Hand~~

	Einzahl		Mehrzahl
● 	die Hand	○ 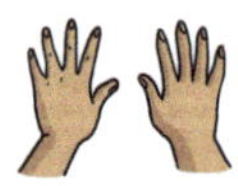	die Hände
● 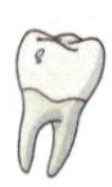		○ 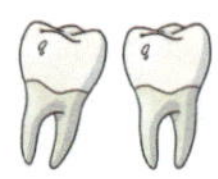	
● 		○ 	
● 		○ 	
● 		○ 	
● 		○ 	

1. Buchstabenverbindung äu in den Wörtern einkreisen
D Wörter silbisch gegliedert sprechen

2. Singular- und Pluralformen mit Artikel schreiben [e-Plural mit Umlautung au/äu, in Analogie zur Pluralbildung mit der Umlautung a/ä]

► zu BB S. 72–73

-äu

① Was gehört zusammen?

träumen | verkaufen | die Wäsche | der Läufer

laufen | waschen | der Traum | die Verkäuferin

② ~~Maus~~ ~~Hand~~ Haus Baum Schaf

 die Hand —  das Händchen

 — 

 die Maus —  das Mäuschen

 — 

 — 

▸ zu BB S. 72–73
▸ Diff.-Block S. 63–64

1. Wörter aus einer Wortfamilie verbinden
D weitere Wörter zu den Wortfamilien suchen

2. Verkleinerungsform mit Artikel nach dem vorgegebenen Muster bilden [in Analogie zur Umlautung a/ä]

1 Was passiert in deinem Märchen?
Male vier Pfeile aus und erfinde ein Ende.

Es war einmal eine Prinzessin.
Sie hatte sich im Wald verlaufen.

Auf einmal stand ein Zwerg vor ihr.

Auf einmal stand ein Prinz vor ihr.

Eine Hexe hatte ihn verzaubert.

Er hatte eine riesige Nase.

Er hatte Eselsohren.

Er sagte: „Hilf mir. Bitte küss mich!“
Da …

1. Sätze zu einem eigenen Märchen verbinden und passenden Schluss erfinden

▸ zu BB S. 72–73
▸ Diff.-Block S. 65

① Schreibe dein Märchen zu Ende.

② Wie heißt dein Märchen?

Die Prinzessin und die Hexe ☐ Der Kuss ☐

______________________ ☐

③ Lies das ganze Märchen einem Partner vor.

▸ zu BB S. 72–73
▸ Diff.-Block S. 66

1. Märchenende aufschreiben
2. eine Überschrift auswählen oder erfinden
3. vollständiges Märchen einem Partner vorlesen

① Ordne zu.

1	Die böse Hexe schläft im Schloss.	sucht
2	Der König ________ mit der Kutsche.	kämpft
3	Der Prinz ________ die Prinzessin.	~~schläft~~
4	Die gute Fee ________ im Märchenbuch.	fliegt
5	Der Zwerg ________ gegen den Drachen.	zaubert
6	Der Zauberer ________ mit dem Zauberstab.	liest

☺ 😐 ☹

▸ Diff.-Block S. 67–68

1. Bild betrachten, Tätigkeiten der Figuren beschreiben, Sätze ergänzen und Nummern passend in das Bild eintragen.

Diese Märchen kenne ich schon:

Dornröschen ☐

Der Froschkönig ☐

Grille ☐

Aladin und die Wunderlampe ☐

Das Töpfchen ☐

Schneewittchen ☐

Diese Märchen kenne ich noch:

Dieses Märchen mag ich am liebsten: ______________________

Ich mag es, weil ______________________

Dieses Märchen mag ich nicht: ______________________

Ich mag es nicht, weil ______________________

	Sprache fördern	Sprache untersuchen	Richtig schreiben	Texte verfassen	Lesen
Unsere Schule – meine Klasse **S. 4–23** 	Nebensatzkonstruktion mit *weil* anbahnen **S. 4**; Verbklammer im Perfekt anbahnen **S. 6/7**; Zustimmung/Ablehnung äußern und begründen **S. 14**; generatives Sprechen (Tierreim) **S. 15**	Nomen im Singular und im Plural erkennen (n-Plural, e-Plural, s-Plural) **S. 8–11**; Wortfelder erkennen **S. 19**	eingeführte Laute bzw. Buchstaben wiederholen **S. 12/13**; Wörter mit Ä/ä, Umlautung im Plural **S. 16/17**; Wörter mit Pf/pf **S. 18/19**	Ferienerlebnisse mit Hilfe der Lauttabelle aufschreiben **S. 5**; generatives Schreiben (Tierreim) **S. 15**; Wörter für Geschichte sammeln/Zoogeschichte schreiben **S. 21**; Mein Ausflug – meine Reise **S. 23**	Sätze/Texte sinnerfassend lesen **S. 5/6**, **S. 13**, **S. 20**
Ich und du **S. 24–41** 	Präpositionen passend einsetzen **S. 24**; Nebensatzkonstruktion mit *weil* wiederholen **S. 25**; Attribuierbarkeit als Kennzeichen von Nomen erkennen **S. 28/29**	bestimmten/unbestimmten Artikel zuordnen, Großschreibung von Nomen **S. 30/31**; Pluralmerkmale des Nomens wiederholen, Nomen identifizieren **S. 32/33**	Wörter mit Eu/eu **S. 26/27**; Arbeitstechnik Abschreiben (fortlaufend in allen weiteren Kapiteln) **S. 30**; Wörter mit Qu/qu **S. 34/35**; Wörter mit J/j **S. 36/37**	generatives Schreiben (Treppensätze) **S. 28/29**; Steckbrief **S. 39**; Freundschaft **S. 41**	Sätze sinnerfassend lesen **S. 25**; diskontinuierlichen Text sinnerfassend lesen (Steckbrief) **S. 38**
Ich kenne mich aus **S. 42–59** 	männliche und weibliche Berufsbezeichnungen verwenden **S. 42/43**; sich in Karten orientieren, Wegbeschreibungen verstehen/selber erstellen **S. 50/51**	Nomen nach semantischen Kategorien ordnen **S. 44**; Singular- und Pluralbildung wiederholen (e-Plural, n-Plural) **S. 45**	Wörter mit V/v **S. 46/47**; Wörter mit ß **S. 48/49**; Wörter mit Ö/ö **S. 52/53**	Würfelsätze schreiben **S. 55**; Tagebucheintrag ordnen und aufschreiben, Erlebnis des vergangenen Tages/Wochenendes aufschreiben **S. 57**; Mein Beruf **S. 59**	Text sinnerfassend lesen **S. 38**, **S. 56**
Bei mir zu Hause **S. 60–77** 	Sätze mit Präpositionen bilden/Präpositionen passend ergänzen (Wechselpräpositionen mit Dativ) **S. 60/61**; Verbklammer bei Modalverben **S. 62/63**	Bedeutungsveränderung präfigierter Verben, Sätze mit Modalverben, Sätze mit trennbaren Verben/Verbklammer bilden **S. 66–69**; Wortfelder erkennen **S. 73**	Wörter mit Sp/sp, St/st im Anlaut **S. 70–73**; Wörter mit Ü/ü **S. 64/65**	Einkaufszettel schreiben **S. 75**; Aufgaben in meiner Familie **S. 77**	Dialog sinnerfassend lesen **S. 74/75**
Ich stelle mir vor **S. 78–95** 	Struktur eines Märchens erfassen/Märchen nacherzählen **S. 78/79**	Nomen zusammensetzen: Variationen des Grundworts bzw. des Bestimmungswortes **S. 88**; Genus zusammengesetzter Nomen bestimmen **S. 89**; Wortfelder erkennen **S. 82**	Wörter mit X/x **S. 80/81**; Wörter mit Y/y **S. 82/83**; Wörter mit C/c **S. 84**; ABC kennen lernen und einprägen **S. 85–87**; Wörter mit äu (Umlautung a/ä, au/äu im Plural) **S. 90**; Umlautung a/ä, au/äu in Wortfamilien und bei Verkleinerungsformen **S. 91**	Märchen nach Vorgabe schreiben, eigenen Schluss erfinden und eine Überschrift auswählen/selber schreiben, Märchen einem Partner vorstellen **S. 92**	Sätze sinnerfassend lesen **S. 94**